Tableau

Em 100 páginas

Aprenda os fundamentos de forma rápida e prática

Roger F. Silva

Create and Learn

100pagina.com.br

contact.createandlearn@gmail.com

createandlearn.net

100paginas.com.br

www.linkedin.com/in/roger-f-silva

Versão Tableau: 64-bit (Agosto de 2020)

ISBN: 9798679753235

Contents

Encontre mais livros da série 100 páginas, visite:
www.100paginas.com.br

Painel Dashboard a ser criado.

Desafio sugerido.

1. Prefacio

Olá,

Vivemos uma revolução na forma como consumimos e trabalhamos com dados e o Tableau é parte dessa revolução, ajudando organizações a tomarem decisões acionáveis baseadas em dados.

Aprender como trabalhar com dados pode abrir novas e melhores oportunidades no mercado de trabalho, negócios e estudos. E a série **100 páginas** é uma excelente maneira de iniciar sua jornada de aprendizado.

*"Os livros da série **100 Páginas** utilizam uma estrutura descomplicada e de fácil assimilação transmitindo de forma rápida e prática os pontos mais importantes de cada assunto."*

Neste livro **Tableau em 100 páginas - Aprenda os fundamentos de forma rápida e prática**, você seguirá passo-a-passo as etapas para a construção de um Dashboard profissional enquanto se familiariza com tópicos importantes do *Tableau Public*, uma ferramenta gratuita para Inteligência de Negócios e Ciência de Dados.

Você aprenderá como **instalar** o Tableau Public, **obter dados**, **modelar** seus dados, criar **colunas e medidas calculadas**, trabalhar com **recursos visuais** e **relatórios**, criar um **painel de vendas** (Dashboard) e **compartilhar** seu trabalho com outras pessoas.

Não entraremos em teorias profundas pois o objetivo é aproveitar ao máximo o tempo dedicado e aprender os fundamentos de forma rápida e prática em ao menos 100 páginas de conteúdo. Adicionalmente, links para **materiais complementares** gratuitos serão sugeridos caso você queira se aprofundar em um determinado assunto.

Espero que este material ajude a iniciar a sua jornada no mundo dos dados e desperte seu interesse em criar relatórios e painéis profissionais utilizando o Tableau.

Divirta-se!

Roger F. Silva

Sydney, Austrália

contact.createandlearn@gmail.com

www.linkedin.com/in/roger-f-silva

https://www.createandlearn.net/pt

2. Início

2.1. Tableau e Inteligência de Negócios

O Tableau é um software de Inteligência de Negócios (Business Intelligence, ou BI) e Ciência de Dados, que permite que os usuários obtenham dados de várias fontes, transformem os dados e criem relatórios, painéis e muitos tipos de visualizações.

Em seguida, o usuário pode compartilhar esses relatórios com colegas e clientes em várias plataformas, como Tableau Online, Tableau Public, PDF, PowerPoint, sites e muito mais.

O principal objetivo do Business Intelligence (BI) é ajudar as pessoas e as empresas a tomar melhores decisões e, de acordo com a Wikipedia, Business Intelligence é um conjunto de metodologias, processos, arquiteturas e tecnologias que transformam dados brutos em informações significativas e úteis usadas para permitir estratégias mais eficazes, insights táticos e operacionais e tomada de decisões.

Até recentemente, as soluções de Business Intelligence eram voltadas para o BI de nível corporativo, com produtos complexos e dispendiosos, e a maioria era feita por profissionais de TI.

Atualmente, você pode encontrar uma variedade de soluções de BI de autoatendimento, e o Tableau é uma delas. Essas soluções permitem que vendedores, analistas, gerentes e uma variedade de profissionais obtenham dados, modelem os dados, criem visualizações e os compartilhem.

2.2. Os produtos do Tableau

O Tableau é um conjunto de ferramentas de análise de negócios que pode fornecer insights para toda a organização. Ele permite que você se conecte a centenas de fontes de dados, simplifique a preparação de dados e conduza análises. Você pode produzir relatórios bonitos e publicá-los para sua organização consumir na Web e em dispositivos móveis.

Os principais produtos do Tableau são:

Tableau Public: *Esta é a principal ferramenta usada neste livro*. Esta é uma solução gratuita, que hospeda uma galeria pública de recursos visuais. Depois de publicados, todos podem ver suas visualizações. Por publicar seus dados em ambiente público (public) não é recomedável utilizar dados confidenciais. Para informações corporativas e confidenciais utilize a versão paga do Tableau Desktop.

Tableau Desktop: Possui uma opção gratuita para teste, ele será instalado no computador e permite que os usuários conectem os dados, preparem e modelem os dados, criem relatórios e executem análises avançadas.

Tableau Prep: é usado para preparação ou limpeza de dados, para prepará-los para análise. O Tableau Prep é composto por dois produtos; Tableau Prep Builder para criar seus fluxos de dados e Tableau Prep Conductor para compartilhar fluxos e gerenciá-los em toda a organização.

Tableau Server: Esta é uma solução de nível empresarial maior. Ele compartilha os recursos visuais criados no Tableau Desktop.

Tableau Online: é uma versão hospedada do Tableau Server.

2.3. O conjunto de dados - dataset

Este livro utiliza um conjunto de dados amigável de fácil leitura composto por quatro tabelas contendo as informações de vendas de uma empresa fictícia.

As tabelas contêm títulos e conteúdo em inglês, para que você possa publicar um Dashboard com apelo global, podendo ser compartilhado através da web e em suas redes sociais como Facebook e LinkedIn.

Essas são as tabelas que você encontrará:

Sales: contém os principais dados de vendas em um intervalo de três anos.

Region: contém países e regiões onde a empresa opera.

SalesManager: contém os nomes do gerente de vendas por país.

Dates: contém datas e grupo de datas.

2.4. Instalando o Tableau Public

1- Para instalar o Tableau Public em seu computador, acesse a página https://public.tableau.com/pt-br/s/ ou somente https://public.tableau.com/

2- Insira seu email e clique em **Baixar Aplicativo**.

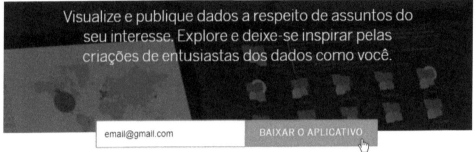

3- Aguarde a finalização do download e abra o arquivo baixado.

4- Preencha os campos conforme a necessidade e clique em **Instalar**.

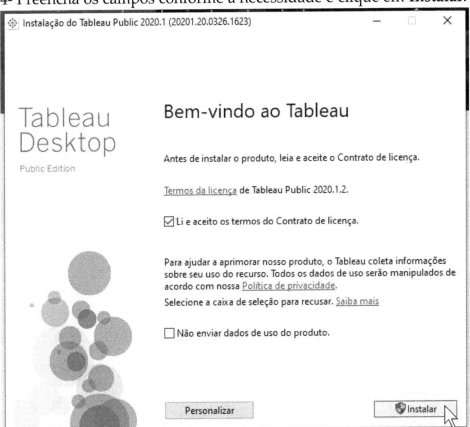

5- Após a Instalação, acesse o programa instalado. A tela inicial será parecida com a seguinte imagem.

6- Para alterar o idioma clique vá na guia **Help**, **Choose Language** e selecione **Português**.

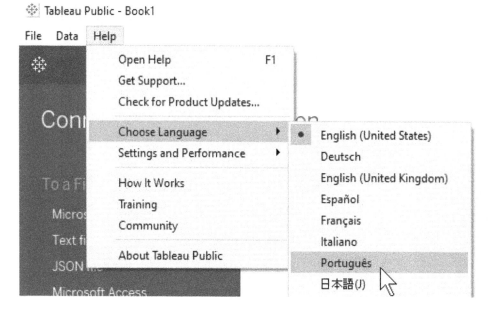

7- O Tableau será automaticamente reiniciado e o idioma será alterado.

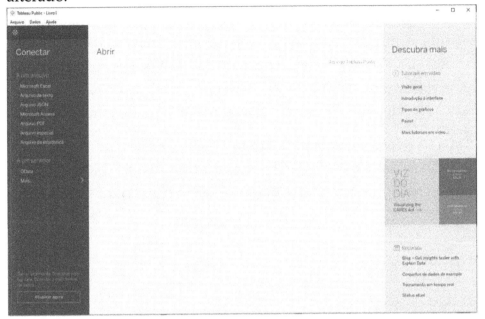

3. Conectar Dados

Antes de iniciar sua análise, você deve conectar os dados e, em seguida, configurar a fonte de dados. Com o Tableau, você pode se conectar a diferentes fontes e tipos de dados. Você pode usar de fontes básicas de dados, como arquivos e planilhas CSV, até o SQL Server, serviços da Amazon, Tableau Server e muito mais.

Visite o endereço **createandlearn.net/bifiles,** baixe o arquivo **SalesData.xlsx** e o arquivo **Create and Learn Image**. O arquivo xlsx contém o conjunto de dados que você usará para criar os visuais e o painel.

1- No painel **Conectar** clique em **Microsoft Excel**.

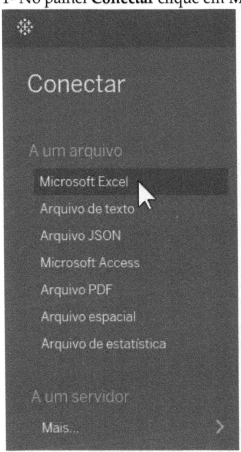

2- Selecione o arquivo baixado **SalesData.xlsx** e clique em **Abrir** (Open).

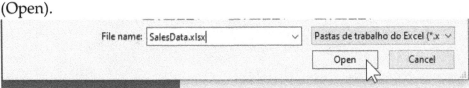

3- O Tableau abrirá uma janela com a fonte de dados selecionada. Nela você encontrará as quatro planilhas do arquivo Excel: **Dates** (Datas), **Region** (Região), **Sales** (Vendas) e **Sales Manager** (Gerente de Vendas).

4- Na sessão **Planilhas** arraste a planilha **Sales** para o painel central onde está escrito: **Arraste tabelas para cá.**

5- Você verá a amostra dos dados da planilha **Vendas**, na grade abaixo.

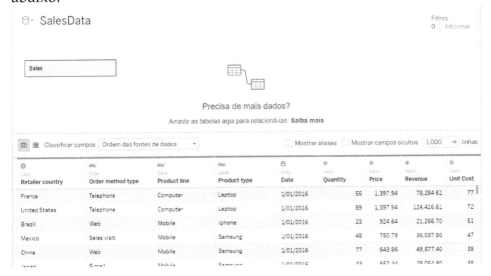

6- Arraste a guia **Region** para o painel central. O Tableau unirá as duas tabelas (**Sales** e **Region**) como uma Inner Join (junção interna).

Uma cláusula JOIN é usada para combinar linhas de duas ou mais tabelas, com base em uma coluna relacionada entre elas.

7- Na janela **Editar relacionamento** as planilhas relacionadas aparecerão no lado esquerdo e direito. No lado esquerdo, selecione o campo **Retailer country** (País do Varejista). No lado direito, selecione o campo **Country** (País). Em seguida, clique em **Fechar**.

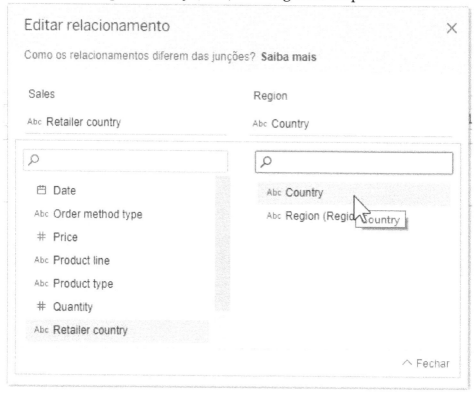

8- Arraste a guia **Sales Manager** para o painel central. Conforme a seguinte imagem; conecte-a com a planilha **Sales**.

20

9- Na janela **Editar relacionamento,** no lado esquerdo, selecione campo **Retailer country** (País do Varejista). No lado direito, selecione o campo **Country** (País). Em seguida, clique em **Fechar**.

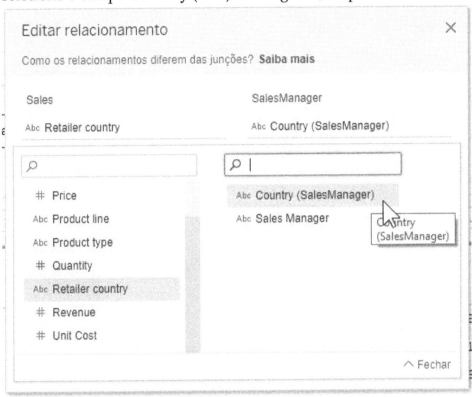

10- Arraste a guia **Dates** para o painel central. Conforme a seguinte imagem; conecte-a com a planilha **Sales**.

11- Na janela **Editar relacionamento,** no lado esquerdo, selecione campo **Date.** No lado direito, selecione o campo **FullDate**. Em seguida, clique em **Fechar**.

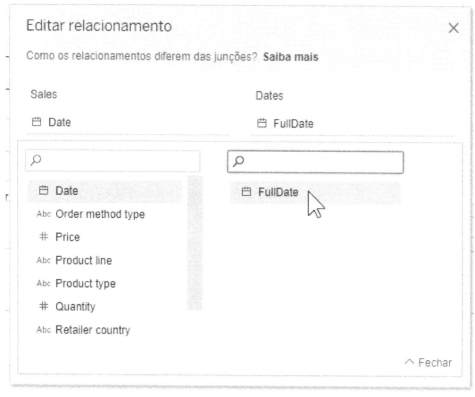

4. Criando Campos Calculados

1- Na parte inferior da janela selecione a guia **Planilha 1**.

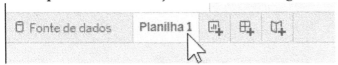

*Veja os detalhes da ferramenta.

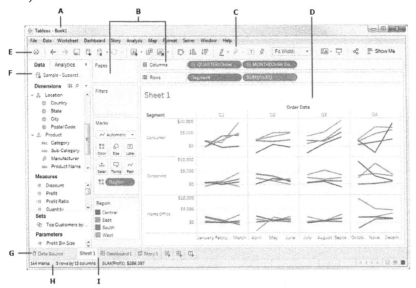

A. Nome do Arquivo.

B. Divisórias. Arreste os campos nas divisórias para adicionar dados ao visual.

C. Barra de Ferramentas.

D. Painel central. Aqui será mostrado o resultado dos visuais.

E. Logo com acesso a página inicial.

F. Barra lateral esquerda. Contém os dados e visuais disponíveis.

G. Acesse a base de dados clicando neste ícone.

H. Barra de status. Mostra informações do visual.

I. Guia de planilhas. Cada guia pode representar uma Planilha, Painel ou História.

2- Na guia **Análise** clique em **Criar Campo Calculado**.

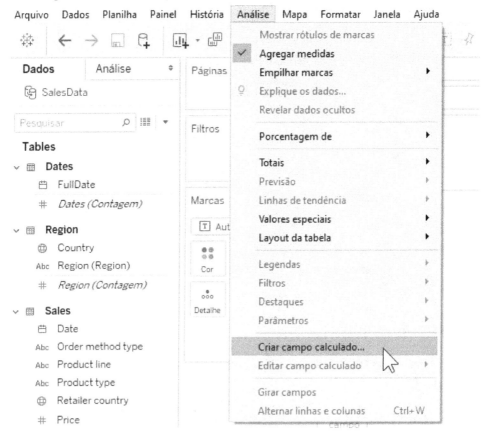

3- No editor de cálculo, insira o nome do campo **Total Cost** (Custo Total). Clique na área branca e inclua a fórmula:

[Unit Cost] * [Quantity] em seguida, clique em **OK**.

Observe que ao digitar a fórmula o assistente do Tableau irá apresentar as opções disponíveis. Isso é muito útil para escrever fórmulas corretas e mais rápidas.

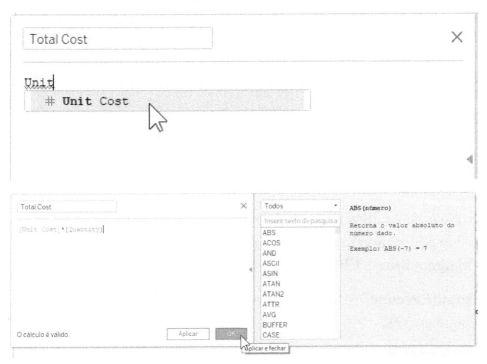

Veja o detalhe da fórmula:

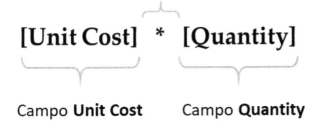

4- O novo campo calculado será adicionado ao painel Dados.

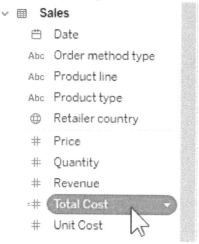

5- Na guia **Análise** clique novamente em **Criar Campo Calculado**.
6- No editor de cálculo, insira o nome do campo **Gross Margin** (Margem Bruta). Clique na área branca e inclua a fórmula:

(sum([Revenue])-sum([Total Cost]))/sum([Revenue]) em seguida, clique em **OK**.

Veja o detalhe da fórmula:

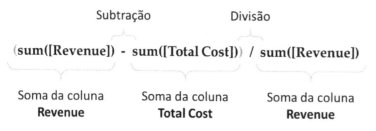

5. Criando Visuais

5.1. Cartão - Revenue (Receita)

Um número único pode ser a coisa mais importante que você deseja acompanhar no dashboard ou relatório, como receita total, total de pacientes etc. Essa visualização pode ser chamada cartão.

1- No painel esquerdo **Dados**, selecione o campo **Revenue**.

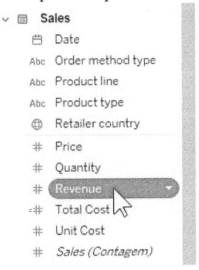

2- Arraste o campo **Revenue** para dentro do da divisória **Marcas**.

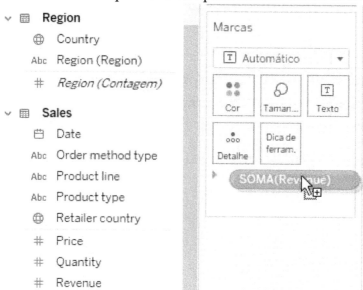

3- Clique no ícone esquerdo para alterar o visual para **Texto**.

4- O resultado do visual aparecerá no painel central.

5- Na divisória **Marcas**, acesse as opções do campo, clicando no botão anexo à pílula (seta para baixo). Selecione a opção **Formatar**.

6- As opções de formatação do campo aparecerão na barra lateral esquerda. Clique em **Números** e selecione **Número (personalizado).** Altere as **Casas decimais** para 0, e em **Exibir unidades** selecione Milhões (M).

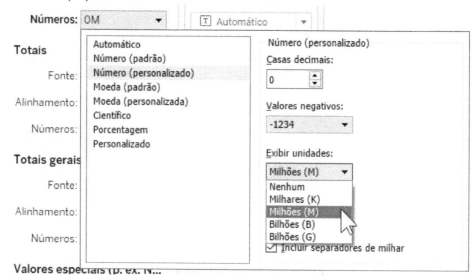

7-Altere a **Fonte**, selecionando tamanho 16 e a cor Cinza Escuro.

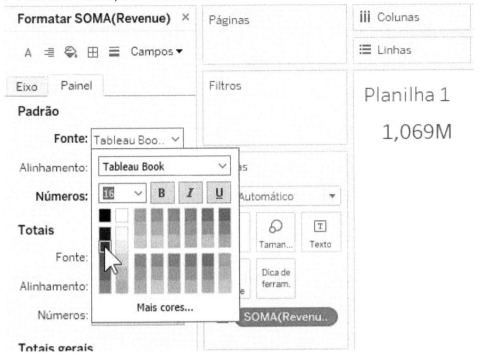

8- Clique em **Alinhamento** e selecione a opção **Centro** como alinhamento horizontal, e **Meio** como alinhamento vertical.

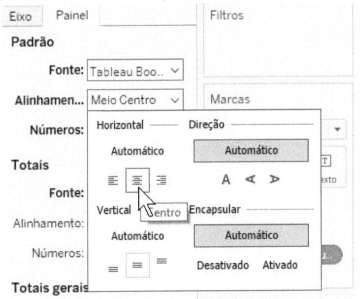

9- Na **Barra de Ferramentas, Ajustar**. Selecione **Exibição Inteira**.

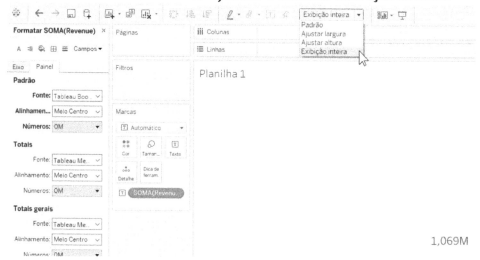

10- Clique duas vezes no título **Planilha 1** para editá-lo.

11- Mude o título para **Revenue**, tamanho 15, e **Centro**. Clique **OK**.

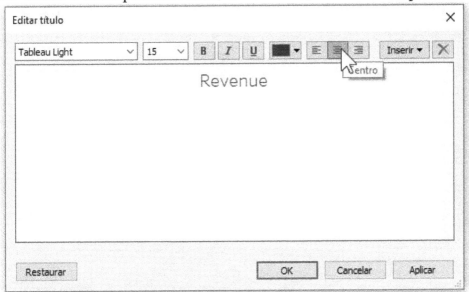

12- Na divisória **Marcas** clique em **Tamanho** e utilize a barra horizontal para alterar o tamanho do visual.

13- Clique duas vezes sobre o nome da planilha para editá-la. Insira o novo nome **Revenue**.

14- Clique na guia **Arquivo** e selecione **Salvar no Tableau Public**.

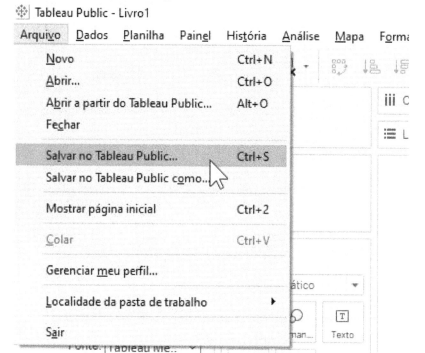

15- A janela de Login do Tableau Public aparecerá com a opção de fazer Logon ou criar uma conta. Crie acesse sua conta para salvar seus visuais. *Lembre-se: Todos os visuais salvos no Tableau Public ficarão **visíveis para o publico geral**. Caso queira utilizar dados corporativos ou sigilosos, é recomendado, pelo fabricante, o uso da versão paga do Tableau.

16- Após entrar na sua conta, nomeie a pasta de trabalho como **Sales Dashboard 100paginas.com.br** e clique em **Salvar**.

5.2. Cartão - Total Cost (Custo Total)

1- Na barra de guias de planilha, clique em **Nova planilha**.

2- Clique duas vezes sobre o nome da planilha para editá-la. Insira o novo nome **Total Cost**.

3- Arraste a medida **Total Cost** na divisória **Marcas**.

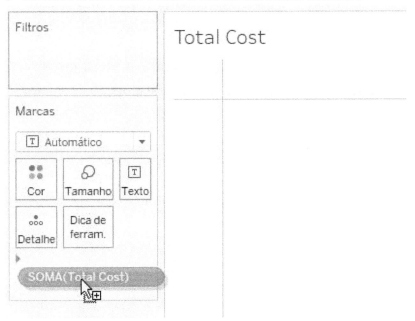

4- Clique no ícone esquerdo para alterar o visual para **Texto**.

5- Na divisória **Marcas**, acesse as opções do campo, clicando no botão anexo à pílula (seta para baixo). Selecione a opção **Formatar**.

6- Clique em **Números** e selecione **Número (personalizado).** Altere as **Casas decimais** para 0, e em **Exibir unidades** selecione Milhões (M).

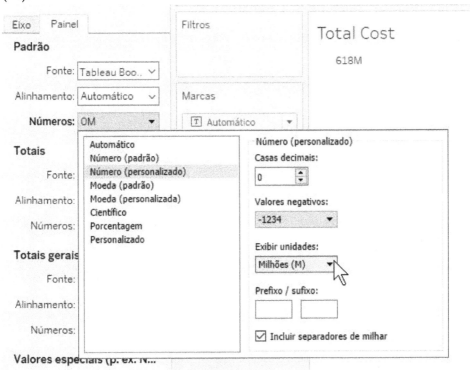

7- Altere a **Fonte**, selecionando tamanho 16 e a cor Cinza Escuro.

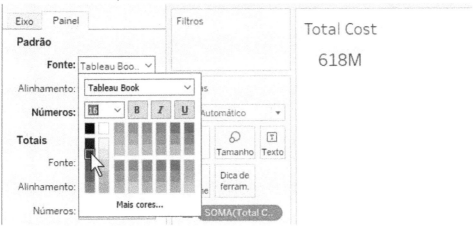

8- Clique em **Alinhamento** e selecione a opção **Centro** como alinhamento horizontal, e **Meio** como alinhamento vertical.

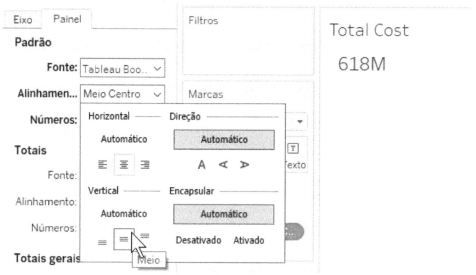

9- Na **Barra de Ferramentas, Ajustar**. Selecione **Exibição Inteira**.

10- Clique duas vezes no título **Total Cost** para editá-lo.

11- Ao manter o título com o <Nome da planilha>, o Tableau assumirá o nome da planilha como título do visual. Altere o tamanho do título para 15, e **Centro**. Clique **OK**.

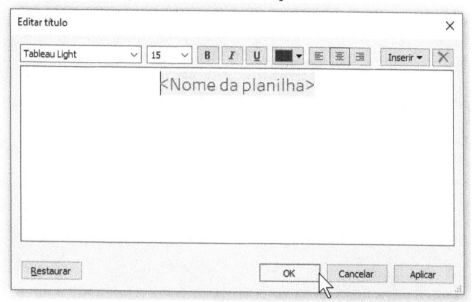

12- Na divisória **Marcas** clique em **Tamanho** e utilize a barra horizontal para alterar o tamanho do visual.

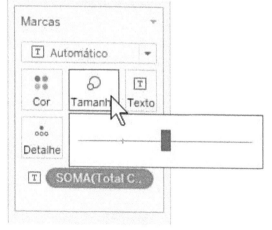

5.3. Cartão - Gross Margin (Margem Bruta)

1- Na barra de guias de planilha, clique em **Nova planilha**. Clique duas vezes sobre o nome da planilha para editá-la. Insira o novo nome **Gross Margin**.

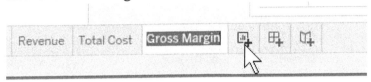

2- Arraste o campo **Gross Margin** para dentro de **Marcas**, porém agora diferente das ações anteriores, mova o campo diretamente para a opção **Texto**. Isso ajudará a economizar alguns passos na criação do visual.

3- Na divisória **Marcas**, acesse as opções do campo, clicando no botão anexo à pílula (seta para baixo). Selecione a opção **Formatar**.

4- Clique em **Números** e selecione **Porcentagem**. Altere as **Casas decimais** para 0.

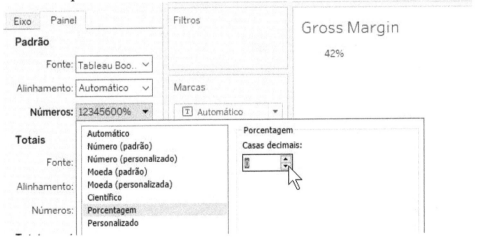

5- Altere a **Fonte**, selecionando tamanho 16 e a cor Cinza Escuro.

6- Clique em **Alinhamento** e selecione a opção **Centro** como alinhamento horizontal, e **Meio** como alinhamento vertical.

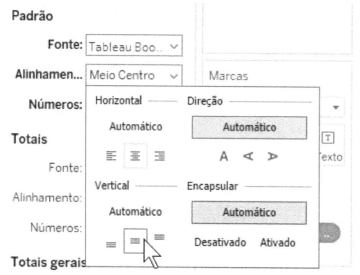

7- Na **Barra de Ferramentas, Ajustar**. Selecione **Exibição Inteira**.

8- Clique duas vezes sobre o título **Gross Margin**.

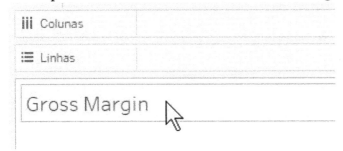

9- Altere o tamanho do título para 15, e **Centro**. Clique **OK.**

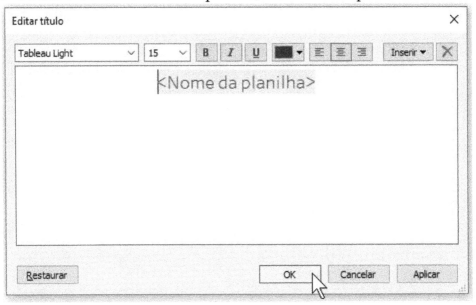

10- Na divisória **Marcas** clique em **Tamanho** e utilize a barra
horizontal para alterar o tamanho do visual.

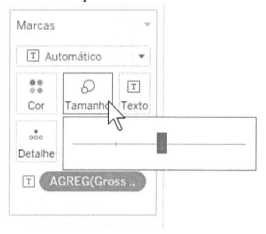

5.4. Gráfico de Barras - Revenue by Year (Receita por Ano)

Neste painel o gráfico de barras deverá mostrar a receita total por ano, e como ele mostrará todos os anos, o mesmo não poderá ser afetado pelo filtro de data (date).

1- Na barra de guias de planilha, clique em **Nova planilha**.

Clique duas vezes sobre o nome da planilha para editá-la. Insira o novo nome **Revenue by Year**

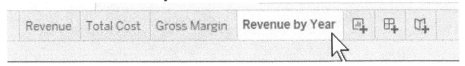

2- Arraste o campo **Revenue** para a divisória **Linhas**.

3- Arraste o campo **FullDate** para a divisória **Colunas.**

4- Na divisória **Marcas** selecione o gráfico de **Barra**.

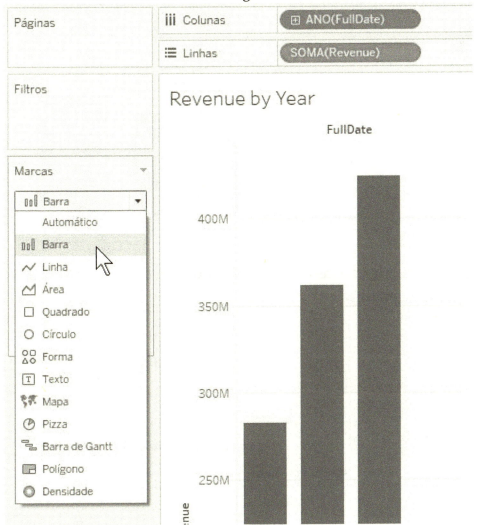

5- Na **Barra de Ferramentas, Ajustar**. Selecione **Exibição Inteira**.

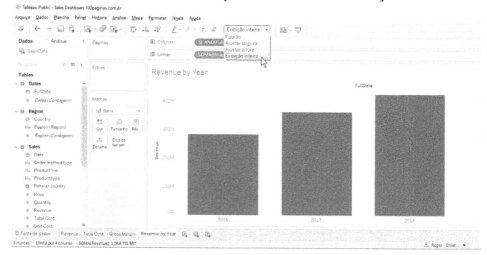

6- Na divisória **Marcas** clique em **Rótulo** e ative a opção **Mostrar rótulos de marcas**.

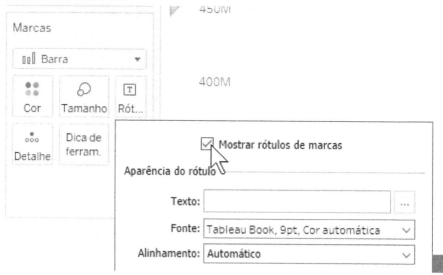

7- No campo **Linhas**, acesse as opções do campo **Revenue**, clicando no botão anexo à pílula (seta para baixo). Selecione a opção **Formatar**.

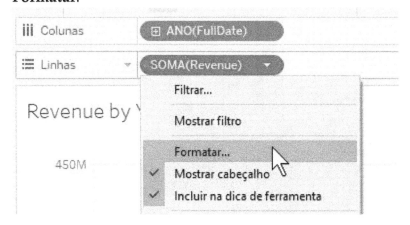

8- Clique em **Números** e selecione **Número (personalizado).** Altere as **Casas decimais** para 0, e em **Exibir unidades** selecione Milhões (M).

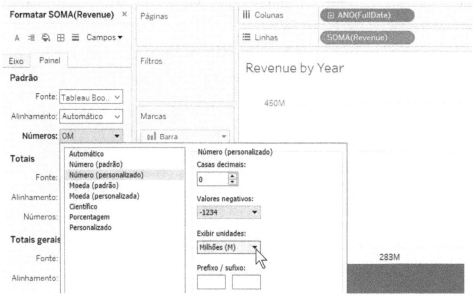

9- Clique com o botão direito sobre o eixo vertical e desative a opção **Mostrar cabeçalho**.

10- Clique com o botão direito sobre o rótulo **Full Date** e selecione **Ocultar rótulos de campo para colunas**.

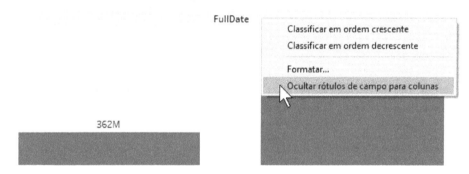

11- Veja o resultado do Visual.

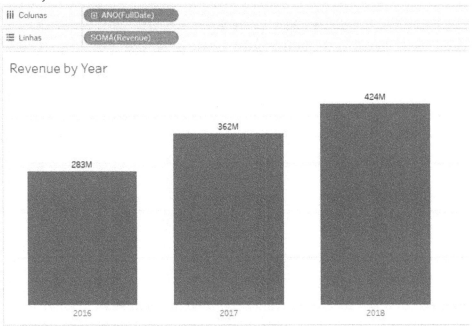

5.5. Mapa - Revenue by Country (Receita por País)

Neste painel o mapa deverá mostrar a receita por país (country), colorido por região (region) e o tamanho da bolha será proporcional à receita (revenue).

1- Na barra de guias de planilha, clique em **Nova planilha**.

2- Clique duas vezes sobre o nome da planilha para editá-la. Insira o novo nome **Revenue by Country**.

3- Arraste o campo **Region** para a área **Cor**, o campo **Revenue** para a área **Tamanho** e o campo **Country** para a área **Detalhe**.

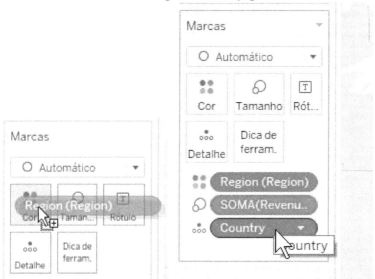

4- Arraste o campo **Longitude** para a divisória **Colunas** e o campo **Latitude** para a divisória **Linhas**.

5- Garanta que o mapa selecionado seja o **Mapa de símbolo**.

6- Na divisória **Marcas** clique em **Tamanho** e utilize a barra horizontal para alterar o tamanho do visual.

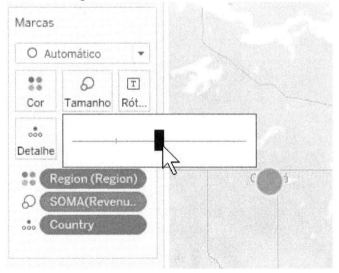

7- Veja o resultado do Visual.

5.6. Gráfico de Linha - Revenue by Month (Receita por Mês)

Neste painel o gráfico de linhas deverá mostrar o total de receita (revenue) por mês e por região (region).

1- Na barra de guias de planilha, clique em **Nova planilha**.

2- Clique duas vezes sobre o nome da planilha para editá-la. Insira o novo nome **Revenue by Month**.

3- Arraste o campo **Revenue** para a divisória **Linhas**, e o campo **Date (Sales)** para a divisória **Colunas**.

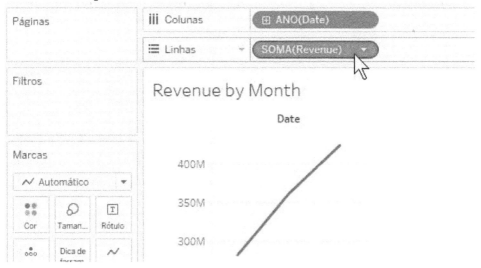

4- No campo **Colunas**, acesse as opções do campo **Date**, clicando no botão anexo à pílula (seta para baixo). Selecione a opção **Mês**.

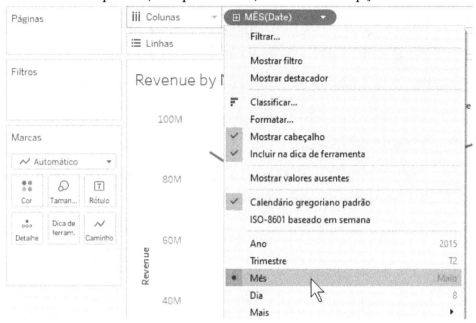

5- Arreste o campo **Region** para a área **Cor**.

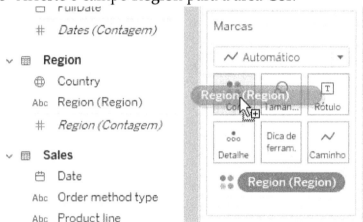

6- Na divisória **Marcas,** clique em **Tamanho** e utilize a barra horizontal para alterar o tamanho do visual.

7- Na divisória **Marcas**, clique em **Cor** e altere a **Opacidade** para 85%.

8- Na **Barra de Ferramentas, Ajustar**. Selecione **Exibição Inteira**.

9- Clique com o botão direito sobre o rótulo **Date** e selecione
Ocultar rótulos de campo para colunas.

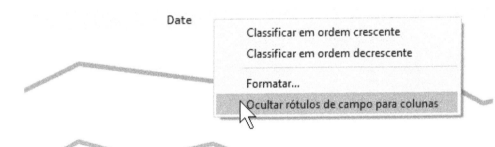

10- Veja o resultado do Visual.

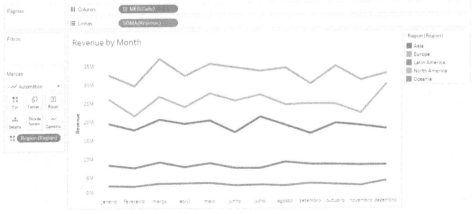

5.7. Gráfico de Barras - Revenue by Sales Manager (Receita por Gerente de Vendas)

Neste painel o gráfico de barras deverá mostrar o total de receita (revenue) por vendedor (sales manager), país (country) e linha de produto (product line), coloridos por região (region).

1- Na barra de guias de planilha, clique em **Nova planilha**.

2- Clique duas vezes sobre o nome da planilha para editá-la. Insira o novo nome **Revenue by Sales Manager**.

3- Arraste o campo **Sales Manager** para a divisória **Linhas**, e o campo **Revenue** para a divisória **Colunas**.

4- Arreste o campo **Region** para a área **Cor**.

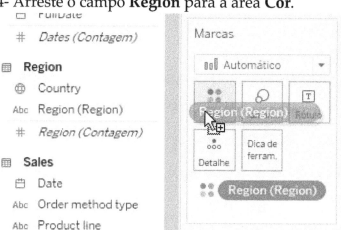

5- Na divisória **Colunas**, selecione a pílula **Revenue**.

6- Clique em **Classificar em ordem decrescente**.

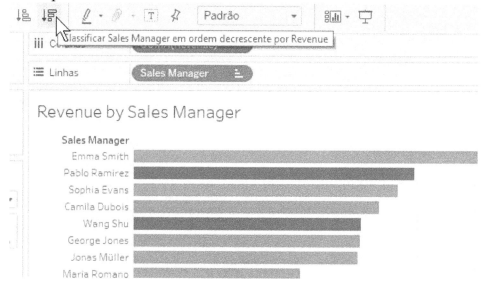

7- Na divisória **Marcas**, clique em **Cor** e altere a **Opacidade** para 85%.

8- Na **Barra de Ferramentas, Ajustar**. Selecione **Exibição Inteira**.

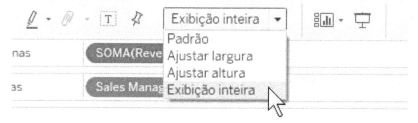

9- Veja o resultado do Visual.

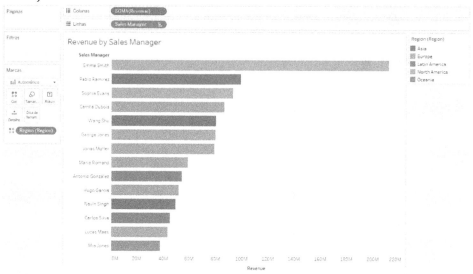

5.8. Criando Filtros

A segmentação de dados é uma maneira de filtrar parte do conjunto de dados mostrada nas visualizações em um relatório como uma específica data, país ou vendedor.

1- Na barra de guias de planilha, clique em **Nova planilha**.

2- Clique duas vezes sobre o nome da planilha para editá-la. Insira o novo nome **Filter by Region**.

3- Arreste o campo **Region** para a área **Texto**.

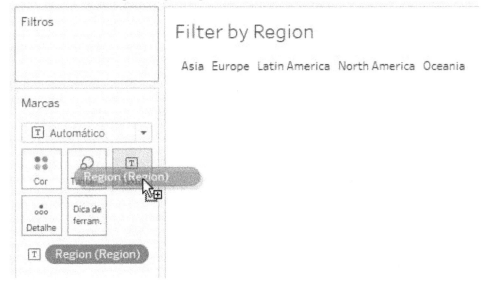

4- Na barra de guias de planilha, clique em **Nova planilha**.

5- Clique duas vezes sobre o nome da planilha para editá-la. Insira o novo nome **Filter by Year**.

6- Arreste o campo **FullDate** para a área **Texto**.

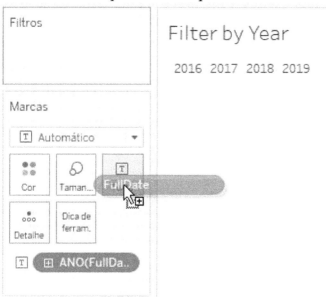

7- Na divisória **Marcas** clique em **Tamanho** e utilize a barra horizontal para alterar o tamanho do visual.

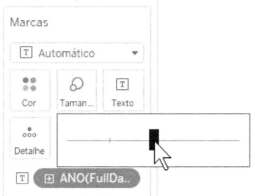

Right-click the image and clic

Compartilhar imagem

Salvar imagem como

Copiar

Selecionar tudo

Adicionar à lista de leitura

1- Para obter melhor controle da posição dos visuais, vá em **Objetos**, ative a opção **Flutuante** e clique duas veze em **Imagem**.

2- Na janela **Editar objeto de imagem.** Clique **Escolher** para selecionar a imagem **Logo.png**

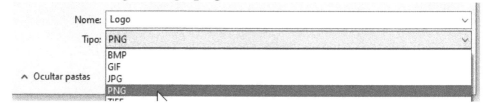

3- Insira a **URL de destino** para criar um link na imagem. Adicione
o endereço **createandlearn.net** ou **100paginas.com.br**. Clique **OK**

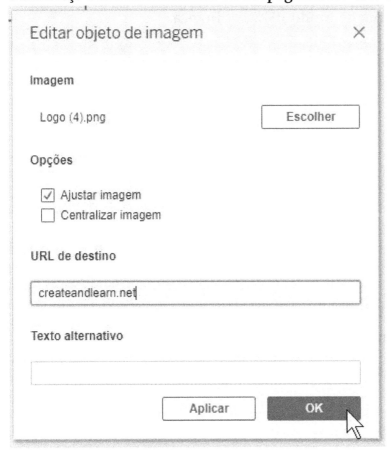

4- No menu lateral, selecione a aba **Layout** e altere a **Posição x** para 10, **Posição y** para 10, **Tamanho l** 370, **Tamanho a** 122, **Borda** Nenhum e **Plano de fundo** 100% cor **Branca**.

6.3.   Gráfico de Colunas

1- Na aba **Painel**, **Objetos** selecione a opção **Flutuante**.

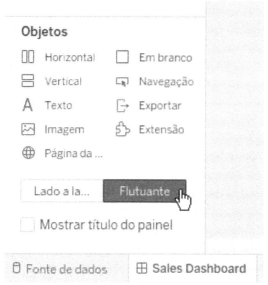

2- Clique duas vezes sobre a planilha **Revenue by Year** para adicioná-la ao painel.

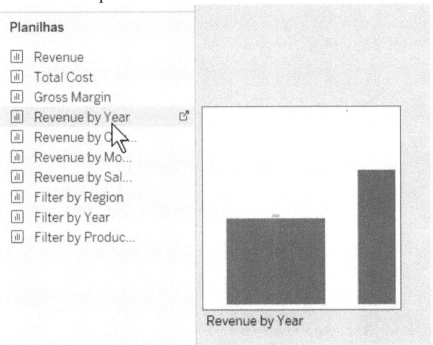

3- Caso Tableau adicione o ano de 2019 ou 2020, clique sobre o ano e selecione a opção **Excluir**. Isso limitará o eixo a mostrar somente os dados existentes (2016 a 2018).

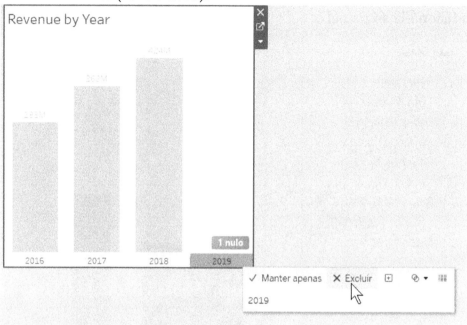

4- Clique no visual para selecioná-lo. No menu lateral, selecione a
aba **Layout** e altere a **Posição x** para 10, **Posição y** para 146,
Tamanho l 370, **Tamanho a** 374, **Borda** Nenhum e **Plano de fundo**

100% cor **Branca**.

6.4.   Gráfico de Linhas

1- Na aba **Painel**, clique duas vezes sobre a planilha **Revenue by Month** para adicioná-la ao painel.

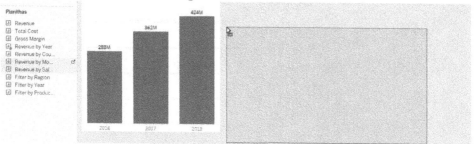

2- No menu lateral, selecione a aba **Layout** e altere a **Posição x** para 10, **Posição y** para 535, **Tamanho l** 1069, **Tamanho a** 350, **Borda**

Nenhum e **Plano de fundo** 100% cor **Branca**.

3- Clique na legenda **Region** e acesse o menu de opções. Clique em **Organizar itens** e selecione **Linha única**.

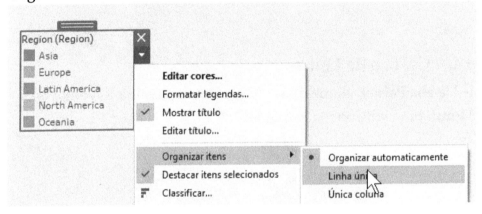

Desative a opção **Mostrar título**.

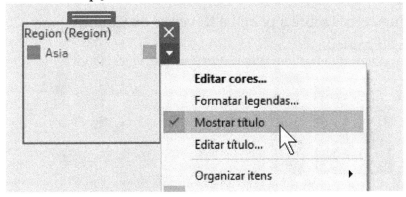

4- Redimensione a legenda para ficar similar a seguinte imagem.

5- Clique e arraste a legenda para a parte superior do gráfico.

6- Veja o resultado abaixo

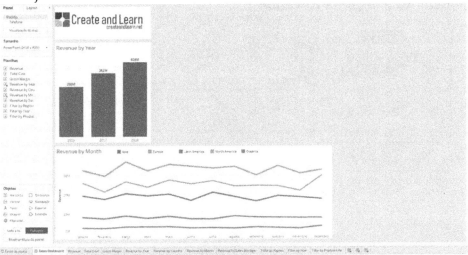

6.5. Mapa

1- Clique duas vezes sobre a planilha **Revenue by Country** para adicioná-la ao painel.

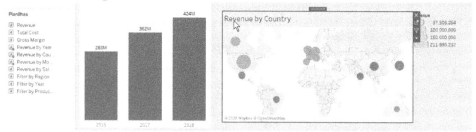

2- Clique no visual para selecioná-lo. No menu lateral, selecione a aba **Layout** e altere a **Posição x** para 394, **Posição y** para 145, **Tamanho l** 685, **Tamanho a** 375, **Borda** Nenhum e **Plano de fundo** 100% cor **Branca**.

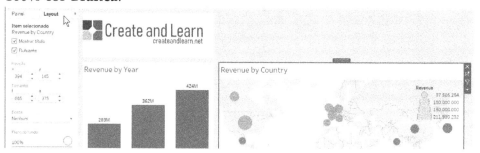

3- Remova a legenda **Revenue**.

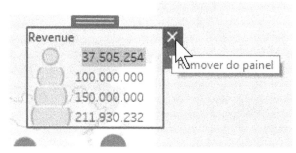

4- Veja o resultado abaixo

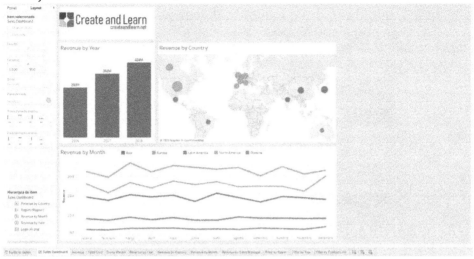

6.6.   Gráfico de Barras

1- Clique duas vezes sobre a planilha **Revenue by Sales Manager** para adicioná-la ao painel.

2- Clique no visual para selecioná-lo. No menu lateral, selecione a aba **Layout** e altere a **Posição** x para 1096, **Posição y** para 145, **Tamanho l** 498, **Tamanho a** 741, **Borda** Nenhum e **Plano de fundo** 100% cor **Branca**..

3- No menu de opções do gráfico (botão com seta para baixo), selecione **Legendas** e ative **Legenda de cores**.

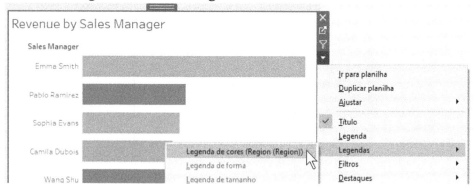

4- No menu de opções da legenda, desative a opção **Mostrar título**.

5- Clique com o botão direito sobre o eixo horizontal, e selecione **Editar eixo**.

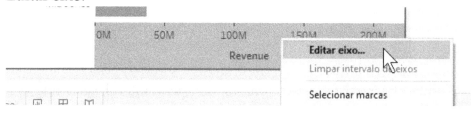

6- Insira somente "Espaço" no título, para garantir um espaço em branco abaixo do eixo. Feche a janela **Editar eixo**.

Títulos de eixos

Título

Subtítulo

Subtítulo

☑ Automático

7- Clique e arraste a legenda para a parte inferior do gráfico e altere as "colunas" dos nomes para que facilitem a visualização.

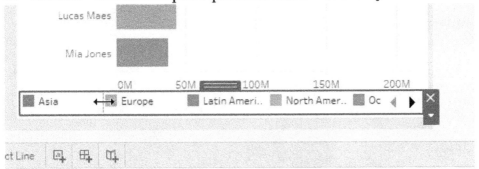

8- Veja o resultado

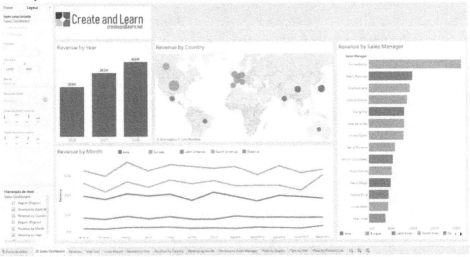

6.7. Cartões

1- Clique duas vezes sobre a planilha **Revenue** para adicioná-la ao painel.

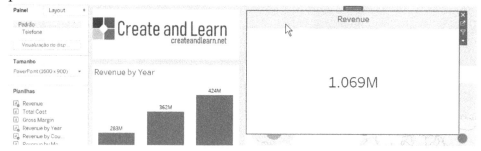

2- Clique no visual para selecioná-lo. No menu lateral, selecione a aba **Layout** e altere a **Posição x** para 394, **Posição y** para 10, **Tamanho l** 220, **Tamanho a** 122, **Borda** Nenhum e **Plano de fundo** 100% cor **Branca**.

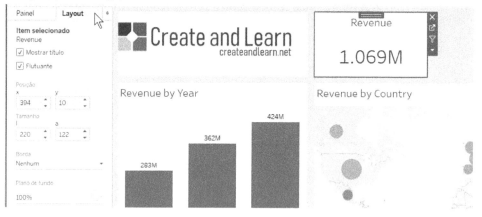

3- Clique duas vezes sobre a planilha **Total Cost** para adicioná-la ao painel.

4- Clique no visual para selecioná-lo. No menu lateral, selecione a aba **Layout** e altere a **Posição x** para 627, **Posição y** para 10, **Tamanho l** 220, **Tamanho a** 122, **Borda** Nenhum e **Plano de fundo** 100% cor **Branca**.

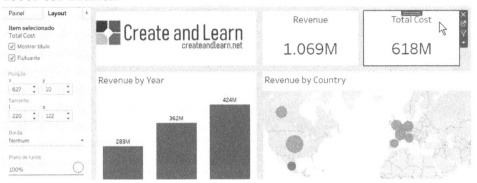

5- Clique duas vezes sobre a planilha **Gross Margin** para adicioná-la ao painel.

6- Clique no visual para selecioná-lo. No menu lateral, selecione a aba **Layout** e altere a **Posição x** para 860, **Posição y** para 10, **Tamanho l** 220, **Tamanho a** 122, **Borda** Nenhum e **Plano de fundo** 100% cor **Branca**.

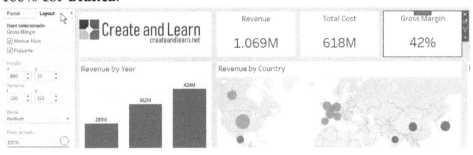

6.8. Filtros

1- Clique duas vezes sobre a planilha **Filter by Product Line** para adicioná-la ao painel.

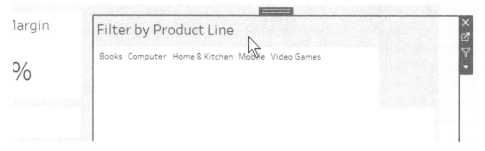

2- Selecione o filtro e clique em **Exibição inteira**.

3- Para fazer este visual se comportar como um filtro, ative a opção **Usar como filtro**.

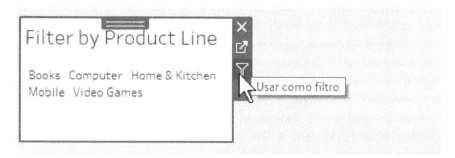

4- Clique no visual para selecioná-lo. No menu lateral, selecione a aba **Layout** e altere a **Posição x** para 1096, **Posição y** para 10, **Tamanho l** 219, **Tamanho a** 122, **Borda** Nenhum e **Plano de fundo**

100% cor **Branca**. Clique nos nomes para testar o filtro.

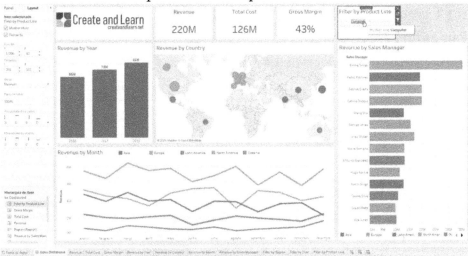

5- Clique duas vezes sobre a planilha **Filter by Region** para adicioná-la ao painel.

6- Ative a opção **Usar como filtro**.

7- Clique no visual para selecioná-lo. No menu lateral, selecione a aba **Layout** e altere a **Posição x** para 1330, **Posição y** para 10, **Tamanho l** 263, **Tamanho a** 87, **Borda** Nenhum e **Plano de fundo** 100% cor **Branca**. Selecione **Exibição inteira**.

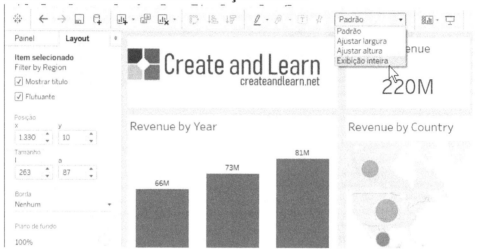

8- Clique duas vezes sobre a planilha **Filter by Year** para adicioná-la ao painel.

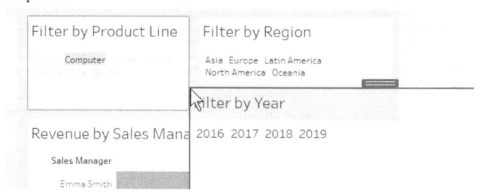

9- Clique no visual para selecioná-lo. No menu lateral, selecione a aba **Layout** e altere a **Posição x** para 1330, **Posição y** para 98, **Tamanho l** 263, **Tamanho a** 34, **Borda** Nenhum e **Plano de fundo** 100% cor **Branca**. Desative a opção **Mostrar título**. E selecione

Exibição Inteira.

10- Ative a opção **Usar como filtro**.

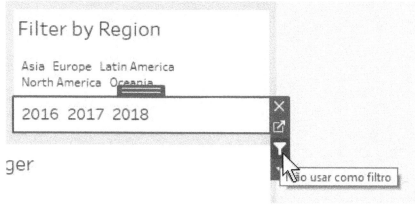

11- Observe que ao clicar no ano 2018 os elementos do Dashboard mostram os dados referentes ao período selecionado. Porém no gráfico **Revenue by Year**, todos os anos deveriam aparecer.

12- Para solucionar isso, selecione o filtro e clique na guia **Painel** e escolha **Ações**.

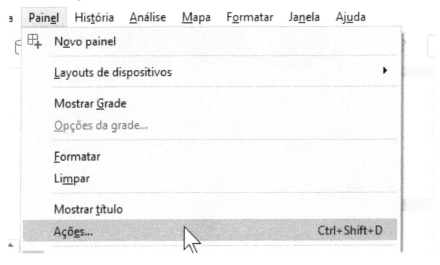

13- Na janela **Ações**, selecione o filtro que contêm a origem **Filter by Year** (normalmente será o Filtro 3, pois foi o ultimo a ser adicionado). Clique **Editar**.

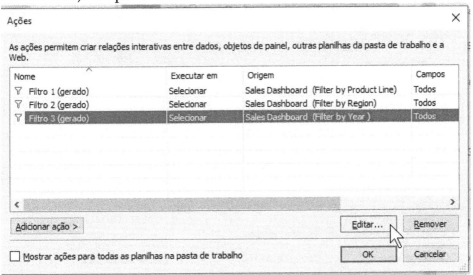

14- Em **Planilhas de destino** desative a opção **Revenue by Year**, clique **OK**.

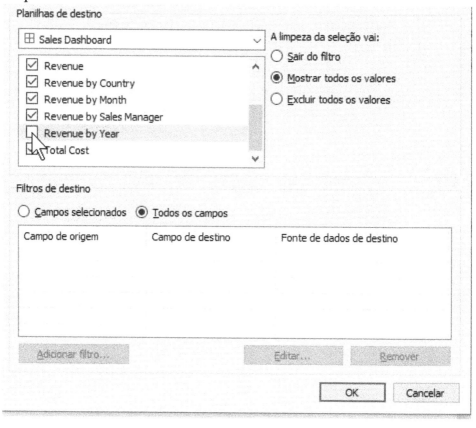

15- Observe que o gráfico **Revenue by** Year não será afetado pelo
filtro de datas.

6.9. Painel de Telefone

Por padrão, os layouts de telefone são gerados automaticamente sempre que você criar um novo painel. Para criá-los apenas para painéis específicos, no menu Painel, desmarque a opção Gerar layouts de telefone automaticamente.

1-No menu lateral, **Painel** selecione a visualização **Telefone**. O layout irá mudar para o formato da tela de celular.

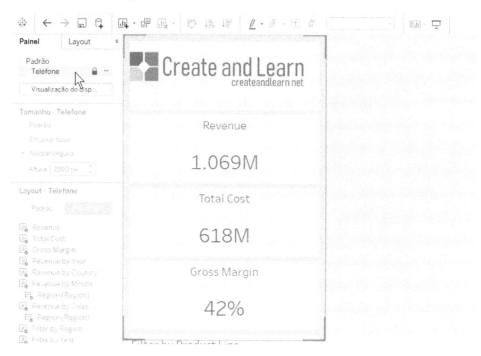

2- Clique no ícone do cadeado para liberar a edição.

3- Você pode arrastar, inserir e excluir os visuais. Mova os filtros para o topo do painel.

4- Clique em **Visualização do dispositivo** para acessar as diversas opções de telas para dispositivos móveis.

5- Altere o **Modelo** do dispositivo para verificar como o dashboard será mostrado em diferentes aparelhos.

6- Clique na opção **Padrão** para retornar à visualização **Desktop**.

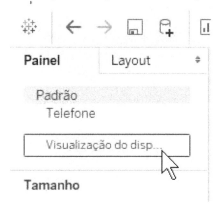

6.10. Compartilhando

No Tableau Public, você pode compartilhar seu trabalho no portal do Tableau Public, mídia social, site, email, arquivos.

Lembre-se que todo o material publicado, através da versão gratuita (Tableau Public), será acessível ao público em geral. Caso você queira compartilhar informações restritas com colegas e clientes, você deverá utilizar a versão paga do Tableau.

Ao clicar em **Salvar** no Tableau Public, seu painel estará disponível no portal público do Tableau. No endereço https://public.tableau.com/

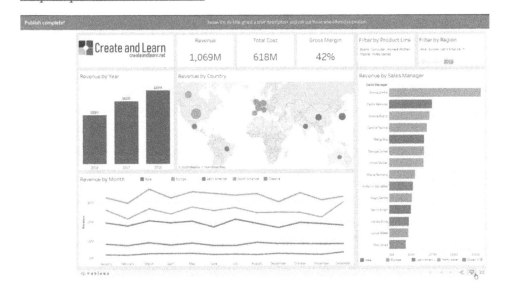

Além de acessar e interagir com seu Painel, você poderá baixar o arquivo em diversos formatos como imagem, PDF, Power Point e outros. Basta clicar no botão inferior **Download** para acessar as opções.

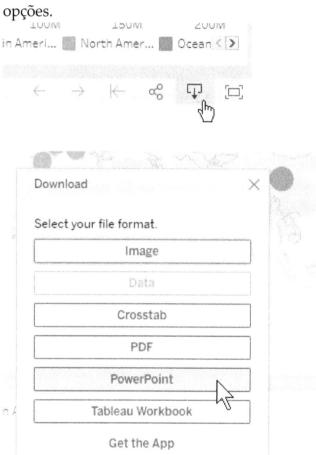

Clicando no botão **Share** você terá acesso aos links compartilháveis do seu painel.

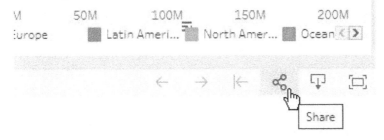

Embed Code é o link com código que você poderá publicar em seu site, por exemplo. **Link** é o link direto para seu painel que poderá ser compartilhado, também, nas mídias sociais.

Caso você queira ver o trabalho de outras pessoas ou buscar inspiração, você pode acessar a galeria de dashboards no link **Gallery**.

7. Próximos passos

Este livro foi criado para ensinar os fundamentos do Tableau Public de forma prática em um curto período.

Para você continuar progredindo em sua jornada eu listei algumas opções gratuitas ou de baixo custo:

1- *Modifique o atual Dashboard*. Experimente utilizar outros tipos de gráficos e fontes. Se precisar de inspiração eu modifiquei o dashboard deste livro e este foi o resultado:

Os novos gráficos utilizados foram o **Mapas de árvore** e o **Barras lado a lado**.

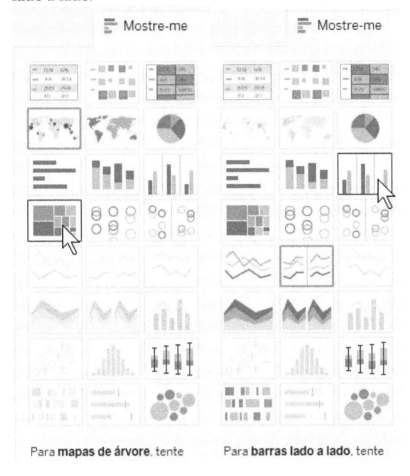

A tabela utilizada foi a **Tabela de destaque**.

Para **tabelas de destaque**.

O **Preenchimento externo** dos cartões também foram alterados neste modelo.

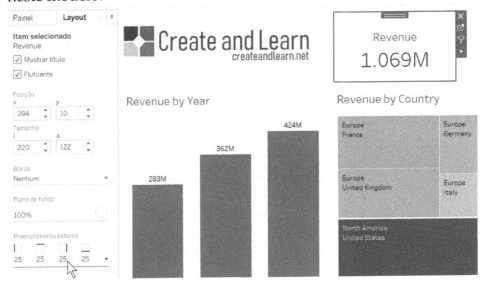

2- *Tente construir o Dashboard deste livro sem ajuda.* Obtenha os dados, crie os relacionamentos, colunas e medidas calculadas, construa o dashboard e publique. Consulte o livro somente quando necessário.

3- *Espalhe a notícia.* Compartilhe seu Dashboard com colegas e em redes como o LinkedIn. Me adicione na sua rede para que eu possa comentar e conferir seu progresso, no LinkedIn você me encontrará como Roger F. Silva.

4- *Se inscreva nos meus canais* onde semanalmente são adicionados vídeos com dicas e visuais para inspiração. Visite o canal **Create and Learn – Business Intelligence**.

Youtube: youtube.com/channel/UCE4BQDcEuUE9lmCZfviSZLg

Facebook: facebook.com/excelcreateandlearn

LinkedIn: linkedin.com/company/create-and-learn/

Website: createandlearn.net/pt

5- *Aprenda outras ferramentas de dados*. A série **100 páginas** possui diversas opções de aprendizado rápido e com baixo custo. Experimente novas ferramentas e conceitos, isso irá lhe ajudará no processo de se tornar um profissional completo.

6- *Não pare!* Aprender nunca foi tão acessível. Busque sites, livros, vídeos e não pare de estudar. Essa é uma excelente forma de manter um cérebro saudável e uma carreira promissora!

8. Obrigado

Obrigado pela jornada! Eu espero que você tenha gostado de aprender com este livro da mesma forma que eu gostei de cria-lo.

Embora a necessidade de trabalhar com dados não seja nova, os processos e ferramentas mudaram drasticamente nas últimas décadas e você tomou a decisão certa de aprender mais sobre essa área.

O que você achou deste livro? Se você gostou de aprender fazendo e se identificou com minha metodologia eu gostaria de pedir um minuto do seu tempo para avaliar este livro. Avaliações dos leitores são extremamente importantes para a continuidade do meu trabalho.

Se você tiver sugestões ou comentários me envie um e-mail ou uma mensagem no LinkedIn – Eu adoraria ter você na minha rede de contatos e acompanhar a sua jornada.

Sucesso!

Roger F. Silva
contact.createandlearn@gmail.com

www.linkedin.com/in/roger-f-silva

https://www.createandlearn.net/

https://www.amazon.com/Roger-F-Silva/e/B07JC8J1L5/

http://www.facebook.com/excelcreateandlearn

https://www.linkedin.com/company/create-and-learn

https://www.instagram.com/createandlearn_net/

https://www.youtube.com/channel/UCE4BQDcEuUE9lmCZfviSZLg/featured

Encontre mais livros da série 100 páginas, visite:

www.100paginas.com.br

www.ingramcontent.com/pod-product-compliance
Lightning Source LLC
LaVergne TN
LVHW041216050326
832903LV00021B/655